AF232622

LETTRES DE FLORENCE

A M. LE DUC DE PERSIGNY

Paris. — Imp. Émile Voitelain et Cⁱᵉ, 15, rue J.-J.-Rousseau.

FÉLIX PLATEL

LETTRES

DE FLORENCE

A M. LE DUC DE PERSIGNY

PARIS

LIBRAIRIE FRÉDÉRIC HENRY

12, Galerie d'Orléans (Palais-Royal)

—

1865

LETTRES DE FLORENCE

A M. LE DUC DE PERSIGNY

Florence, 10 juin 1865.

Monsieur le Duc,

En vous écrivant, je ne cherche pas le bruit stérile et je n'obéis pas à cet instinct qui pousse l'écrivain à jeter son nom dans la mêlée des partis. J'ai beaucoup écrit sur l'Italie. La plupart des livres qui ont traité les questions italiennes ont réproduit des pages de mes petites œuvres, et m'ont regardé comme un auteur renseigné qui avait cette conscience assez rare de ne dire que ce qu'il sait. Cependant ma signature, fort humble assurément, mais déjà connue par quelques luttes, n'a paru dans aucune des nouvelles polémiques. C'est que dans le conflit si regrettable de l'Italie avec la papauté, il m'était impossible de prendre part. A l'heure où l'on ne pouvait être partisan de l'Italie en même temps que fidèle au sublime vieillard qui vous a reçu avec tant d'empressement, je n'avais qu'un parti à prendre . me taire. Cependant, voici que je vous écris; c'est que, Monsieur le Duc, je crois que j'ai un devoir à remplir, peut-être une œuvre à faire. On peut et on doit se taire quand la parole est inutile; on peut et on doit parler quand la parole est utile. Or, j'ai toujours écrit et j'écrirai toujours sous l'influence de cet axiome naïf.

En effet, il est presque permis désormais d'espérer en l'Italie en même temps qu'en la papauté. Je parle de la papauté temporelle; l'autre ne me regarde pas; je la voyais attaquée et je persistais à la croire inattaquable, Breton que je suis. L'heure est à la réconciliation; il s'agit, comme vous l'avez dit, et comme avant vous l'avait tenté le Gioberti de 1846, de réconcilier la papauté avec l'Italie, ou mieux l'Italie avec la papauté. J'ai lu attentivement votre lettre de Rome; on reconnaît en vous, Monsieur, l'homme d'État qui, loyalement et quasi brutalement, cherche la solution d'un problème autant politique que social, et qui donne avec franchise le résultat de ses recherches. Avez-vous été parfaitement renseigné dans le court séjour que vous avez fait en Italie? Nous vous dirons tous, à quelque parti que nous appartenions : — Non. — Mais ne croyez pas que je veuille engager avec vous une polémique; vous êtes de ceux à qui l'on écrit, et je suis encore de ceux à qui on peut ne pas répondre.

Je vois surtout dans votre lettre les deux phrases que voici :

« Je me demande si l'intérêt de l'Italie, qui est le nôtre, rend nécessaire ou avantageux de faire de Rome sa capitale, et je n'hésite pas à répondre : Non. »

« Malgré tout, la réconciliation peut se faire, — que dis-je? elle doit se faire; elle se fera d'une manière ou de l'autre. »

Ces deux phrases méritent bien qu'on leur parle. Certes, d'autres Français ou d'autres Italiens de 1865 ont votre généreux dessein; mais vous, Monsieur, vous avez une autorité personnelle que tous n'ont pas, et votre parole a un grand poids, surtout dans ce pays italien où, comme vous l'avez parfaitement vu et bien dit, on a l'habitude d'attendre tout de l'Empereur. Vous êtes l'ami de César, et vous l'avez été sur la roche Tarpéienne avant de l'être au Capitole. Vous avez été ministre, ambassadeur; vous êtes membre du plus grand conseil municipal du monde, le conseil privé de la France, — ce municipe homogène.

Je ne veux pas me souvenir de toutes les affirmations et théories erronées que contient votre lettre de Rome. Je répète que je ne veux pas faire de polémique; ce qui m'eût été permis cependant, dès lors que vous repreniez la plume, qui fut jadis votre arme politique.

Le problème est donc celui-ci : Réconcilier l'Italie avec la papauté, sans toucher au pouvoir temporel.

Problème moins difficile qu'on ne le pense. La solution peut être trouvée non par un Machiavel, mais par quelque roi ou par quelque ministre brave et bien voulant; elle n'est pas à Rome; elle est ici, à Florence. Et d'une façon presque brutale, sans doute fort maladroite et en tous cas très-franche, je vais vous dire, dès les premières lignes de ma lettre, quel est l'homme qui doit trouver la solution et la solution qui sera trouvée. Je débute par la péroraison.

Je ne suis pas plus unitaire que vous, car vous n'êtes pas unitaire, Monsieur. Votre unité, et je vous en remercie, c'est de la fédération réduite à deux termes. Vous êtes donc, en principe, fédéraliste comme Balbo et Gioberti, presque comme Mgr Dupanloup; bref, comme tous ceux chez qui le cœur obéit au bon sens. Et vous me croirez quand je dirai : Si l'Italie se réconcilie avec le Pape, si l'unité se fait, je parle de la véritable unité avec Rome pour capitale; si la convention de septembre fait monter à Victor-Emmanuel l'escalier dangereux du Vatican; si Florence, d'où je vous écris, ne doit être qu'un relai, l'Italie mourra à la même heure que le pouvoir temporel de la papauté; Italie et papauté temporelle auront les mêmes funérailles : M. Mazzini mènera le deuil.

Si l'Italie ne se réconcilie pas avec le Pape, Victor-Emmanuel, serré entre les partis extrêmes, sera obligé d'abdiquer, et alors, que le Dieu de la maison de Savoie garde le prince Humbert!

Vous avez donc raison d'écrire : « Il faut que, par un moyen ou par un autre, la réconciliation se fasse. » Ce moyen, Monsieur le Duc, c'est la dictature de Victor-Emmanuel.

« Rome et l'Italie sont condamnées à être catholiques, » nous disait Proudhon, cet énorme écrivain paradoxal mort l'autre jour. J'ajoute que l'Italie est condamnée à toujours se mal servir de la liberté. C'est un dictateur qui l'a faite ce qu'elle est; c'est Cavour qui, dominant de la tête tous les Italiens, a fait non pas ce qu'elle a voulu, mais ce qu'il a voulu; ce doit être un autre dictateur qui achève l'œuvre, en la réparant ou en la modifiant.

Les assemblées ne sont pas aptes à être constituantes; elles ne sont bonnes qu'à être législatives.

Il n'y a pas ici un homme de sens, j'allais dire pas même un député, qui regarde l'assemblée comme à la hauteur de la situation. Le nouveau parlement de Florence sera, comme la dernière assemblée de Turin, composé d'éléments hétérogènes, d'hommes très-remarquables, sans aucun doute, mais pleins de doctrines et d'impressions différentes; il formera le même tout bizarre qui rappelle l'habit d'un des héros de la comédie italienne : Arlequin. Ce n'est pas Arlequin, Monsieur, qui doit sauver l'Italie du Dante!

Une seule action, fille d'une seule volonté, peut être plus forte que le danger. Seul, un dictateur peut faire de l'Italie non ce qu'elle est, c'est-à-dire une unité qui se divisera, mais ce qu'elle doit être, c'est-à-dire une fédération qui s'unifiera.

Cela dit, pour découvrir tout d'abord ma pensée, permettez-moi de revenir dans la discussion, et, tout en répondant à votre lettre de Rome, d'apporter les preuves dont a besoin le paragraphe précédent.

Donc, j'affirme que la solution du problème n'est pas dans un changement du gouvernement romain, mais bien dans un changement du gouvernement florentin. Ce n'est pas là votre avis, et j'avoue que votre opinion est partagée par beaucoup. Parlons donc de Rome. Je serai peut-être trop long, je serai peut-être trop bref, mais je dirai ce que j'ai à dire.

Je crois, Monsieur le Duc, être plus libéral que vous, car je suis de cette école qu'aucune désillusion n'a atteinte et qui n'a peur d'aucune liberté. D'un autre côté, j'appartiens à cette génération qui est née à la vie d'homme, sous l'Empire, et qui, délivrée des rancunes des partis, aimera la liberté toujours et partout.

Donc, si le pouvoir temporel de la papauté devait amener nécessairement l'état de servitude de tout un peuple et servir de base à quelque réaction anti-libérale dans toute l'Europe, je me tairai ou j'écrirai sur tout autre sujet, sur l'Amérique, par exemple. Mais j'ai en moi la conviction tellement profonde de l'essence libérale de la papauté temporelle, que j'éprouve encore le besoin de la faire partager à quelqu'un. Je sais si bien combien a été mal traduite et jugée la conduite de Pie IX, qu'il m'est impossible aujourd'hui de ne pas refaire son portrait dans sa réalité la plus franche. Je ne traiterai pas la question religieuse qui ne me regarde en rien et que, d'ailleurs, vous avez mise de côté dans votre lettre de Rome. Je veux étudier brièvement, et sous un point de vue que je crois nouveau, les deux rois qui ont été dans Pie IX : celui qui a été le type des rois libéraux, et celui qui, dit-on, est un roi du moyen âge. Voyons le premier roi.

En 1847, le mal de l'inconnu, dont parlait au Sénat votre collègue, M. de Boissy, pesait déjà sur l'Italie. Les vieux mots d'indépendance et de liberté s'échangeaient à voix basse comme une nouvelle consigne. Une vague espérance agitait la douleur monotone des Italiens. Les penseurs les plus élevés constataient l'inquiétude générale en l'éprouvant eux-mêmes. Les gouvernements se préoccupaient d'une conspiration occulte et immense qui n'avait aucun chef et aucun centre. C'était comme le frémissement de la nature quand l'orage va venir : les chênes et les brins d'herbe s'inquiètent. Le frisson de 1847 avait raison ; de grandes aventures étaient proches : Dieu allait passer sur l'Italie. On peut dire que depuis ce temps il ne l'a pas quittée, et qu'on a toujours vu derrière les événements italiens sa face souriante et sévère. Grégoire XVI mourut ; avec lui un vieil ordre de choses sembla disparaître. Raide, dur, austère, absolu, Grégoire, dont l'intelligence était une des plus vigoureuses de son temps, fut le type sans larmes et sans sourires de la papauté. L'Europe et l'Italie attendaient un pape contemporain. Quel était-il? Où était-il? Ce fut ce comte Mastaï qui, au son des cloches de Rome et au bruit des canons du château Saint-Ange, monta le premier degré du trône pontifical, j'allais dire du Calvaire.

Pie était roi. Il venait, en prenant la tiare, de prêter serment à la charte pontificale, c'est-à-dire de jurer la défense de l'Église et du patrimoine de saint Pierre; serment qui semblait alors une vieille formule, et qui est devenue la pierre angulaire où se sont brisés et où se briseront encore les gouvernements et les révolutions. Quelques jours s'étaient à peine écoulés que de cet homme dont on ne savait presque rien, qui, certes, s'ignorait lui-même; de ce prêtre dont les pensées d'administration n'avaient jamais dépassé les limites d'un diocèse grand comme une cure de Paris, l'Italie, l'Europe, le monde dirent : — C'est lui. En effet, c'était celui qu'on attendait. Bientôt, sous les vêtements d'or massif de la papauté, l'Italie sentit battre un cœur d'Italien et de contemporain; sous la majesté de la plus vieille institution de l'univers qui semblait depuis longtemps garder comme l'impassibilité de l'éternité, on vit un homme de notre chair et de notre sang qui voulait affronter réso-

lûment ce problème formidable, lequel pèse sur
notre siècle avec le poids des dix-huit autres, je
veux dire la réconciliation des peuples avec les gouvernements. Réconciliation du peuple avec le pouvoir, qui est celle que cherche, si je ne me trompe,
le régime impérial; réconciliation du gouverné avec
le gouvernant, qui a sa portée autant sociale que
politique, et qui est le désir de tout homme qui
aime son pays, cette grande famille, et la famille,
ce petit pays.

La réforme dont Pie IX fut l'initiateur était toute
emplie de l'étude de cette question profonde. Il sembla au pontife qu'une des missions de la papauté était
d'assoupir la vieille querelle des rois et des peuples,
en calmant les regrets injustes de ceux-là et les
folles espérances de ceux-ci. L'humanité s'est mo-
difiée; le monde a l'âge d'homme. La révolution
cosmopolite de 1789 fut, à vrai dire, la prise de la
robe virile par le peuple, en tutelle jusque-là. Elle
a donné à ce nouvel homme des désirs légitimes et
aux rois des devoirs nouveaux. Bref, le principe
d'autorité demande à être modifié par celui de liberté. Cette liberté qu'avait espérée le dix-huitième
siècle et dont désespérait presque l'Italie du dix-
neuvième, n'était-elle pas la solution du problème:
la réconciliation des peuples avec les gouverne-

ments? Pie se l'était demandé avec franchise, et avec une confiance qui sera sa gloire, il avait répondu affirmativement. Lorsqu'il regarda pour la première fois le monde du haut du balcon de Saint-Pierre, il vit distinctement une société qui s'en allait et une société qui venait. Rentré dans le silence du Vatican, il ouvrit l'Évangile et y entendit la parole libérale du Christ.

Le comte Mastaï réalisait les rêves les plus enfiévrés de Balbo, de Gioberti et du Lamennais des beaux et grands jours. Il adopta comme fille légitime du christianisme la liberté, que beaucoup croyaient, à tort, être la bâtarde de l'Encyclopédie. Pie IX pensait, en agissant ainsi, qu'il renouait la plus ancienne tradition de l'Église, celle qu'inaugura le premier évêque de Rome, alors que Pierre se trouva comme Pie entre la mort et la naissance d'un monde.

Voilà, si je ne me trompe, Monsieur le Duc, un roi de Rome comme vous en voudriez un aujourd'hui.

Après la résolution du pontife, le roi de Rome ne pouvait qu'appeler toutes les volontés du pays à une réforme intérieure. Les rouages de l'État étaient usés; il fallait restaurer ceux-ci et changer ceux-là. Rome avait besoin d'un air nouveau; les poitrines y respiraient trop comme la poussière des vieux débris; l'air libre ne se faisait sentir que sur les hauteurs du Sacré-Collége.

Enfin, Monsieur, la Rome papale de 1847 était à peu près celle dont vous avez fait, avec plus de sévérité que de vérité, le portrait en 1865. Je m'appesantis sur ce détail avec une préméditation que vous vous expliquerez bientôt.

Après plusieurs mois d'efforts hardis mais inexpérimentés, Pie IX appela auprès de lui le comte de Rossi. Ici, je m'arrête un peu parce que je suis déjà arrivé à ce qui me paraît le plus puissant argument contre ceux qui nient à la papauté la faculté d'être libérale. Me voici en face d'un des deux ministres du pontificat de Pie IX, et vraiment je m'effraierais pour mon pays d'un ministre si ardemment libéral.

Or, on ne peut jamais faire mieux comprendre une idée qu'en la faisant représenter par un homme. Tout portrait fait me semble alors une idée définie.

Je vais donc en quelques lignes tracer la figure de Rossi dont, selon moi, on n'a jamais saisi la ressemblance, et vous dire pourquoi je tiens autant à faire connaître le ministre de Pie IX, assassiné par la révolution; c'est qu'il me semble que Rossi est la meilleure réponse qu'on puisse faire à ces deux affirmations contradictoires qui se trouvent au bout de bien des plumes ou sur bien des lèvres :

La papauté ne peut pas être libérale, parce qu'elle est la papauté! — Je réponds : — Rossi!

Le cardinal Antonelli a compromis la cause et diminué la force du gouvernement pontifical en interrompant l'ère des réformes. — Je réponds encore : — Rossi!

L'œuvre du ministre de la première ère pontificale prouve que sous la papauté toute liberté est possible; sa mort prouve que la liberté peut, en certains moments, y être dangereuse. La vie de Rossi affirme la papauté libérale; sa mort, la papauté conservatrice. Toutes deux expliquent Pie IX et sont, je le répète, un des meilleurs arguments en faveur du gouvernement pontifical de 1865.

Voyons donc Rossi. Ce Genevois-Français-Italien fut un assemblage assez incohérent de défauts et de qualités; nul ne fut plus de son temps que cet homme qui ne fut d'aucun pays. Il avait, avec une même volupté, respiré dans chacune de ces trois nations les senteurs âcres qui font mourir et les douces qui font vivre; sa doctrine en avait gardé, tout d'abord, comme une odeur douteuse. Révolutionnaire par instinct, libéral par principe, il était partisan de l'autorité par tempérament. Après avoir nié, il avait affirmé; après avoir adoré le fait, il s'était incliné devant le principe; sa politique en conserva longtemps une incertitude jusque dans ses plus grandes hardiesses. A l'œuvre superbe des derniers jours de sa vie, il avait sacrifié ses souvenirs de jeunesse, ses haines, ses affections de parti, ses préjugés d'école, la dernière goutte de son sang; il ne lui sacrifia jamais son orgueil et ne lui ménagea même pas son ironie. Calmé moins par l'âge que par des études approfondies de l'économie moderne et par une expérience exceptionnelle de tous les ressorts politiques, il avait compris enfin les devoirs les plus vastes. Son intelligence singulièrement aiguillonnée par les besoins d'une vie vagabonde, se trouvait à la hauteur de la mission dangereuse que lui confiait Pie IX. Aventurier politique, il apportait sur les sept collines, à la semelle de ses souliers, la terre chaude de la patrie universelle.

Ministre de Pie IX, il voulut, par dessus tout, que le libre développement de l'esprit nouveau fût favorisé à Rome et il s'établit avec passion comme complice de son maître dans cette noble et fameuse *période* de politique extérieure et intérieure que la *Gazette de la Croix* appelait la conspiration de

Pie IX. Remarquable par le côté pratique, il voulut, sans aucun désir de l'idéal, relever toute chose à un degré supérieur et poussa le pontife à prendre une attitude de plus en plus prononcée contre les partis extrêmes. Esprit mobile, mais ferme, vif, mais réfléchi, il ne prit bientôt dans la fièvre du temps que l'excitation; et il sut mener de front la passion moderne avec une sorte de stoïcisme antique. Enfin, *carbonaro devenu gendarme*, comme disait Cavour dans un accès de mauvaise humeur, lui seul pouvait en même temps réveiller ces belles intelligences assoupies et calmer les esprits enivrés. Voilà assurément, Monsieur le Duc, le ministre que vous voudriez à la tête de la Rome papale de 1865. Aux situations confuses, aux époques tourmentées, il faut parfois des hommes à caractère confus et tourmenté, qu'un noble but entrevu rend tout à coup net et calme.

Eh bien! examinons brièvement ce qu'a pu faire cet homme. Disons en quelques mots cette lamentable histoire que tout écrivain devrait savoir parfaitement avant de reprocher au gouvernement romain de 1865 son caractère *défiant et anti-libéral*.

Pendant ces temps de réforme, Pie IX et Rossi n'éprouvèrent que chagrins et désenchantements. Quand nous serons venus aux époques d'apaisement, l'histoire, cette impassible, s'émouvra pourtant en voyant cet auguste vieillard perdre peu à peu ses jeunes et sublimes illusions devant la réalité. Connaissait-il bien les hommes? Je ne le pense pas. Qui sait la vie du comte Mastaï, écoulée entre la prière, l'étude et l'administration d'humbles diocèses, ne s'étonnera pas que le pontife n'eût guère songé à apprendre son rôle dans le drame énorme où il ne se savait pas appelé. Pie IX fit donc son éducation politique auprès de Rossi dans ces jours où il but, lentement et sans se plaindre, une coupe d'amertumes plus amères que celles qu'il devait boire plus tard, car ce fut celle des premières désillusions. On raconte encore à Rome les étonnements de ce grand et doux esprit devant telle révélation qu'on lui apportait ou telle espérance qu'on lui enlevait. L'enthousiasme de la foule dont sa pieuse modestie se demandait naïvement la cause, se changeait en des haines dont il ignorait les raisons. Enfermé dans son cabinet avec Rossi, il le charmait par sa croyance en tout ce qui était bon, droit, vrai, l'effrayait par son ignorance de ce qui était mauvais et l'émerveillait surtout par la grandeur et le désintéressement de ses vues (*Lettres inédites* de Rossi). Un jour le ministre, voulant arriver à certain but, indiqua au pape un moyen détourné;

Pie IX lui dit : « A quoi bon, comte; laissez-moi leur dire franchement ce que je veux faire, et ils me comprendront ». Rossi secouait mélancoliquement la tête. Spectacle à coup sûr fort émouvant que celui qui fut donné alors par le travail commun de ces deux esprits si opposés.

Le vieux libéral était souvent obligé de retenir le pape qui voulait aller trop hardiment dans la voie des réformes. Rossi s'était bientôt aperçu que la papauté jouait un rôle dangereux; mais peu à peu il avait subi l'influence de cette intelligence sereine et de ce cœur ardent. Le pape voulait, quoi qu'il arrivât, accomplir la promesse qu'il avait faite au peuple. Alors Rossi s'engageait de plus en plus dans une situation si difficile que Dieu seul pouvait l'en tirer. Mais le sceptique d'autrefois était devenu croyant, et sa mission prenait de plus en plus à ses yeux un caractère sacré. Il désespérait déjà de sauver la liberté qu'il espérait encore sauver le pape.

Cependant il avait parfois des heures de découragement amer. Sa nature fière se raidissait contre l'obstacle; mais son expérience des choses lui disait que son courage et son énergie ne pouvaient rien entre ces deux meules qui l'écrasaient : les deux partis extrêmes. On le vit un jour envelopper d'une même ironie Rome, le peuple, la liberté, l'Italie, lui-même; seul, Pie IX demeurait toujours l'objet de sa vénération, disons mieux, de cette vive affection filiale que le pontife devait inspirer plus tard au cardinal Antonelli. Il est vrai que bientôt une larme, un sourire de Pie le faisaient revenir à la confiance; alors il se reprenait à croire, selon son dire, *comme une femme.* Peu de personnes furent témoins de cette lutte étrange que se livraient, dans ce cœur que Rossi croyait usé, les vieux sentiments et les nouveaux; mais je l'ai appris d'une façon certaine, et j'ai besoin, pour ma thèse, que ce portrait soit complété.

Or, quelle fut la fin de tout cela? Vous la connaissez, Monsieur le Duc. — Rossi, traitant avec mépris les menaces qui lui étaient faites et haussant les épaules quand on lui conseillait de prendre des précautions, croyait-il à une protection surnaturelle; ou, acculé par tant de haines, courait-il, comme le taureau espagnol, au devant de l'épée? Peut-être le ministre obéissait-il à ce sentiment qu'on retrouve dans certaines natures supérieures et étrangement énergiques qui les pousse à croire que le danger s'enfuit devant le regard fixe et impassible d'un homme... Enfin, quand le poignard anonyme, non celui des noirs, mais celui des rouges, l'étendit sur les degrés du palais de l'assemblée romaine, Rossi a, — j'en suis certain, et tout ce portrait est écrit pour que vous en soyez certain avec moi, — Rossi a, dans ce moment lucide qui précède la mort, ressenti moins un profond désespoir de voir son œuvre brisée, qu'une surhumaine satisfaction d'être délivré d'un devoir sacré, mais impossible.

Et je vous le demande, Monsieur le Duc : n'avais-je pas raison de dire plus haut que l'œuvre et la mort du comte Rossi prouvent manifestement ceci :

L'impossibilité d'établir à Rome le gouvernement libéral que vous désirez et de compléter les réformes aussi promptement que vous le voulez, tant que la révolution sera en dehors et au dedans de Rome.

Allons plus loin, Monsieur; allons jusqu'au fond de la cause logique et naturelle du gouvernement pontifical de 1865, — tel que vous ne l'aimez pas et tel que je le comprends.

Pie IX put s'écrier, à la nouvelle de l'assassinat de Rossi : — « Voici, mon Dieu, que vous m'avez retiré l'instrument de mes pensées de réforme; que votre volonté soit bénie! » En effet, le Dieu de l'Italie, en jetant en plein Vatican cet aventurier dont la dernière œuvre a fait presque un grand homme, semble avoir eu des desseins immenses qu'on ne comprit pas en ce temps et qu'on peut reconnaître aujourd'hui. Les penseurs les plus profonds ne se doutaient pas alors que des flots de sang italien, voire de sang français (Castelfidardo), allaient couler par la blessure de Rossi. En effet, je le demande à tous les partis : que serait-il arrivé, ou plutôt que ne serait-il pas arrivé, si le traité de Villafranca avait trouvé vivant le comte Rossi, et l'avait trouvé à Rome? Cette fédération italienne présidée par le Pape, cette idée non inventée, mais prise dans le cœur de tous les grands Italiens qui jadis ont pensé, écrit, vécu, combattu et souffert pour l'Italie; cette idée de l'Empereur qui connaît mieux l'Italie que vous et moi, Monsieur le Duc, n'est-elle pas l'idée, le rêve, le but, toute la politique du comte Rossi? Poser ces différentes questions, c'est les résoudre.

Mais personne ne savait rien de cet avenir, et personne ne pleura le fédéraliste avec Pie IX. Les partis extrêmes se réjouirent; l'assemblée romaine, prise d'une panique effroyable, ne voulant se prononcer ni pour ni contre la révolution, n'osa ni rechercher le poignard, ni avouer le cadavre comme celui de l'un des siens. Mais passons : la conscience publique a prononcé. La révolution poussa un cri de joie comme si du fédéraliste et du libéral assassiné ne devait pas naître plus terrible contre elle le cardinal Antonelli.

Or, Monsieur le Duc, une des réformes les plus désirées par beaucoup d'esprits honnêtes, mais peu sensés, est la fondation d'un régime parlementaire romain, qui est le plus haut degré de gouvernement dans l'ordre libéral, et je le demande : Quelle opinion ont-ils, dans le domaine de la pratique gouvernementale, de cette assemblée romaine qui n'a été hardie ni dans la révolution ni dans la conservation? Sous le triumvirat de Mazzini, elle s'effraie et ne sait pas défendre contre nos canons la Rome républicaine, de même qu'elle eut peur en face des sectaires qui assiégeaient avec le poignard la Rome papale, libérale et royale. Demandez à M. Mazzini, qui seul a su défendre contre nous la Rome qu'il avait créée, son opinion sur la valeur pratique d'un gouvernement parlementaire romain. Je pense comme Mazzini, et je répète encore ce que je ne cesserai de répéter : Le gouvernement parlementaire romain a fait ses preuves, il est jugé; il n'est capable de rien dans un temps où il faut peut-être être capable de tout. Demain, lorsque tout sera apaisé, il sera possible et désirable; aujourd'hui que tout est en question et que la défense doit s'affirmer aussi brutalement que l'attaque, il est impossible et suspect non à tout penseur, mais s'il m'est permis de parler ainsi, à tout patricien politique. —

Oui, la dictature romaine, intelligente, ferme, est aussi nécessaire ce jour 28 mai 1865, que va l'être bientôt la dictature florentine.

Et voyons ensemble, Monsieur le Duc, quelle fut alors, parfaitement dessinée, la physionomie du Pape. Ce qui frappait déjà dans le caractère du pontife, c'était et ce fut désormais ce mélange inouï de douceur et de fermeté, d'impassibilité et de sensibilité. Le cœur est celui d'un enfant, tant il est toujours prêt à s'enthousiasmer, à croire, à plaindre, à pardonner ; le caractère a une vigueur surhumaine que rien ne peut faire plier. Cet homme, en apparence et en réalité si impassible, est, en même temps, celui qui reçoit le plus fortement toutes les émotions. Son intelligence vaste, calme, pour ainsi dire radieuse, a été essentiellement perfectible. Elle n'a peut-être pas l'éclat et la soudaineté du génie ; cependant elle lui ressemble, parce qu'elle jouit avant tout de l'instinct des grandes choses et de la faculté créatrice. Devant l'agitation, fatale comme la marée, qui dépassait ses prévisions et tendait vers le but italien par des moyens violents, devant cette grande fièvre de l'indépendance nationale, Pie, fiévreux comme tous, sut cependant demeurer Italien et pape. Cette double situation d'Italien et de pape, qui mettait, dirait-on, deux consciences en présence, explique assez les hésitations du pontife : — l'assentiment donné au mouvement, en même temps que l'ordre envoyé au général Durando, commandant les troupes pontificales, de ne point passer le Pô; — bref, cette complicité morale éclatante et cette neutralité de fait.

Par cette complicité morale, il affirmait sa qualité et sa passion d'Italien dans une commotion patriotique qui tendait, d'ailleurs, à des résultats recherchés obstinément par l'ancienne papauté. Par cette neutralité de fait, il affirma sa qualité de pontife dans un conflit colossal où le sang devait couler des veines de deux nations catholiques.

Pourtant Pie IX prenait le chemin de l'exil. « L'ingratitude des Italiens, disait-il alors à Mgr Charvaz, archevêque piémontais, m'a fait beaucoup souffrir, car j'ai donné à la cause de l'indépendance et de la liberté plus peut-être qu'il n'était permis à un pape de donner. »

En effet, Monsieur, jamais ingratitude ne fut aussi flagrante; car le Saint-Père est peut-être l'Italien qui s'est, avec le plus de désintéressement et, disons-le, d'imprudence, dévoué pour l'Italie. Je prouverai en deux mots la vérité de ce que j'avance.

Charles-Albert courait, il est vrai, des chances

bien dangereuses ; mais aussi quel bel enjeu que l'empire qu'il rêvait et que rêve son fils. — Vaincu, il est mort à Oporto ; vainqueur, il serait mort non à Rome (je ne dirai pas, Sire, ce qui vous déplairait et ce qui n'est pas), mais à Florence, roi d'une Italie plus grande et plus forte que l'Italie de son fils, car elle aurait eu Venise et n'aurait pas eu Naples.

Quant à Victor-Emmanuel, acculé à une banque-route certaine, à une abdication inévitable, il joua, aussi lui, un terrible jeu ; mais, soldat, il tenait les cartes dans une partie où le roi et la dynastie étaient fatalement engagés. Son dévouement à l'Italie, quel-que incontestable qu'il fût, avait toute prête sa ré-compense. Chaque pas de son cheval, à la suite de celui de Napoléon III, le cheval bai que vous con-naissez, devait être payé par une centaine de nouveaux sujets, chaque coup de son épée par une province. Victor-Emmanuel, et je ne veux assuré-ment rien dire de déplaisant pour le roi en qui Pie IX a aujourd'hui confiance et en qui nous espé-rons, — mes lettres le prouveront, — Victor-Emma-nuel, en aimant l'Italie, en l'aimant sincèrement, s'aimait lui-même. L'amour de l'Italie a été toujours, — je n'en fais aucun reproche, — dans la maison de Savoie, un amour dynastique.

Quant à Pie IX, qu'allait-il chercher dans d'aussi

dangereuses aventures? Certes, le pied éperonné
de l'Allemand ne faisait pas résonner insolemment
les dalles du Vatican. La maison de Hapsbourg, fille
soumise et dévote, faisait pour la papauté la police
dans certaines provinces et la gardait contre les ennemis du dehors et du dedans. Pie IX refit-il le
songe que vit souvent l'oreiller des anciens papes,
au temps des guelfes et des gibelins? C'est-à-dire,
rêva-t-il la suzeraineté de l'Italie? Non; puisque
bientôt il devait refuser la réalisation de ce rêve,
qui lui était offerte par le vainqueur de Magenta et
de Solferino, Napoléon III.

Donc, — pourquoi ce qu'il a fait ? Pour la satisfaction du devoir accompli : C'est que, répétons-le,
le nouveau pape était un Italien de la grande école.
Il avait pris sa part héréditaire dans les longs chagrins du pays; il avait porté sur le trône de saint
Pierre la nostalgie dont souffraient ses frères; il
avait aimé avec une passion véritable, l'Italie, cette
mère qui semble aujourd'hui renier son fils. . . . . .

Cependant Mazzini était monté au Capitole et Pio
était allé s'asseoir, proscrit serein et doux, au foyer
du roi de Naples. Là, dans cette tristesse morne de
l'exil, le vieux roi détrôné fit, sans aucun doute, des
réflexions bien amères sur les hommes de notre
temps. Ne voyant dans sa chute que l'exécution d'un

décret de la Providence, dont il lui était cependant permis de sonder le dessein; sans colère et sans remords, si ce n'est peut-être sans regret, il examina froidement l'événement, le jugea, l'interpréta sans parti pris, comme s'il avait oublié qu'il en était la victime.

En définitive, qu'avait-il fait? Du trône impassible de la papauté il était descendu dans l'arène des agitations humaines. Au lieu de demeurer au-dessus du nuage, dans les régions de l'air pur et immobile, il s'était abaissé jusqu'aux couches bouleversées par les tempêtes. Pie IX avait montré l'homme sous le pape, l'homme couvert de nos vieilles blessures, fatigué de nos douleurs, ému de nos émotions, inquiet de nos espérances, malade de notre mal. Et voici que la papauté revenait de cette noble aventure, meurtrie, désolée, reniée, exilée, accusée! Les conséquences de ces faits étaient faciles à déduire de la part d'une intelligence aussi nette que celle de Pie. Il comprenait, Monsieur le Duc, ce que j'ai déjà eu l'honneur de vous dire deux fois en apportant les preuves nécessaires, — l'impossibilité de toute réforme romaine tant que la révolution sera là, — en dehors et au dedans.

Et un autre que Pie IX avait compris cette triste

vérité et avait lu attentivement dans les faits les enseignements que je viens de vous exposer à la hâte; ce fut le cardinal Antonelli.

Lorsque la République de 1848 eut la pensée hardie, saine et féconde de la restauration du pape, — et je saisis avec empressement l'occasion, qui s'offre ici, de féliciter notre République, peu habituée à la flatterie des écrivains contemporains. — lorsque la révolution ramena Pie sur le trône temporel, le pontife reconnut aussitôt quel homme il fallait à la situation nouvelle.

En rentrant dans sa maison, le maître la trouvait saccagée, le foyer de la famille avait presque été renversé; de mauvais vins avaient été mis dans les vieux vases; les souvenirs religieux qui étaient comme le mobilier de cette maison, avaient été dispersés; les murs conservaient encore des inscriptions outrageantes. Tout était à rétablir ou à laver.

Dans l'ordre de la politique plus large tout était à restaurer. Le temps n'était plus où le gouvernement romain devait, pour ainsi dire, battre la charge devant un peuple retardataire; c'était l'heure de réunir sous l'ancien drapeau les hommes trop aventurés et l'heure de sonner la retraite. Par sa position même de pontife, par la haute influence de sa personnalité, Pie IX, de même que jadis il avait personnifié la commotion universelle, devait bientôt personnifier l'idée nouvelle de conservation qui se faisait jour partout, et j'oserai le dire, l'idée de réaction, non politique, mais sociale, qui est l'instinct nouveau de l'Europe, instinct qui éclata en France en décembre 1851. Vous admettrez facilement, Monsieur, que l'esprit libéral, novateur et presque aventureux du pape, ait dû se métamorphoser sous l'impression réfrigérante des événements. Alors le Saint-Père trouva, pour l'aider dans sa nouvelle œuvre, un homme qui s'adapta à la situation avec une habileté peu ordinaire, et la seconde période de la vie politique de Pie IX fut personnifiée par Antonelli, comme la première l'avait été par Rossi.

Ici, nous touchons à la plaie vive. Dussé-je agir trop crûment, j'écrirai sans aucune hésitation. *Dura veritas sed veritas*, dirai-je, en transformant un axiome du droit de Justinien. Je veux, en effet, établir que la politique de Mgr Antonelli est la conséquence la plus logique et la plus éclatante des événements que je viens de dire et des impressions diverses que j'ai constatées. J'entre ici dans une voie tellement nouvelle que j'ai besoin de me souvenir d'une parole qui m'a été dite jadis par un des hommes les plus éminents de France, un de vos plus grands adversaires, Monsieur le Duc.

« Dites des choses vraies et vous direz des choses neuves. »

Le cardinal-diacre avait été, comme Pie IX, atteint (d'une manière peut-être moins sérieuse), par la noble épidémie de 1847. Son esprit particulièrement actif et hardi n'avait eu peur d'aucune liberté avant de venir à les craindre presque toutes. Romain de la vieille Rome papale, en même temps que citoyen de la Rome nouvelle, Antonelli a les qualités que demande l'œuvre de redressement, de défense, de conservation, et, s'il le faut, de réaction; il a l'énergie réunie à la finesse. Mieux qu'aucun, car il avait suivi le Saint-Père en exil, il avait assisté au changement survenu nécessairement et progressivement dans la pensée de Pie IX. Son caractère se mit avec un merveilleux instinct à la hauteur de la mission nouvelle de la papauté, mission aussi audacieuse quoique bien autre que celle dont Rossi partagea la responsabilité.

Son entreprise fut d'abord singulièrement difficile dans cette époque encore indécise qui était comme la trêve entre les deux principes d'autorité et de liberté. En effet, la révolution européenne ne s'était pas encore affirmée d'une façon évidente. D'ailleurs la papauté était alors moins attaquée que la royauté de Rome.

On ne saura peut-être jamais ce qu'il fallut au pro-secrétaire d'État, d'habileté, de savoir, de fermeté, de patience, pour établir un système de politique absolue dans ce temps de politique relative, où les hommes et les choses n'avaient pas encore pris leur vrai nom. Antonelli parut trop méfiant et vraiment exagéré à beaucoup qui plus tard devaient le comprendre. On eût dit que le cardinal avait déjà le pressentiment de cette lutte opiniâtre et capitale qui se préparait. Il s'occupa de poser solidement les vieux principes, en sacrifiant les nouveaux. Comme un général qui s'apprête à la défense d'une grande ville, il abattait sans pitié les nouveaux boulevarts trop exposés et dont l'ennemi pouvait se servir; il resserrait la cité dans ses enceintes premières et fortifiait les anciennes.

Pie IX appréciait de plus en plus le profond dévouement et la haute intelligence de ce ministre; il se l'attachait par les liens d'une vive affection, sans savoir qu'il aurait bientôt en Antonelli le principal instrument de cette défense prodigieuse qui a remué le monde. Le pro-secrétaire d'État dont, je l'ai déjà dit, l'enthousiasme pour l'indépendance et la réforme avait été moins opiniâtre que celui du Pape, ne regrettait guère la première période des réformes hâtives et des essais libéraux. D'ailleurs une pierre rougie de l'escalier qui mène au palais de l'ancienne assemblée, c'est-à-dire d'un *statuto* réformateur et libéral, pierre rougie par le sang de Rossi, était peut-être pour lui tout un enseignement.

Enfant de la robuste campagne romaine, où la fièvre nerveuse de notre temps a fait peu de malades, il aimait le pouvoir vigoureux et il l'aime plus que jamais. Grand seigneur par le tempérament, les allures, l'intelligence, le cœur, il avait et il a peut-être encore, sinon un penchant, du moins quelque condescendance pour certains priviléges tant attaqués. Parvenu à travers tous les degrés de la hiérarchie, il se trouvait, plus que tout autre, à l'aise dans les longs et sombres corridors de l'administration romaine. Il aimait d'une affection presque égoïste, dans Pie, le pape, le roi et l'homme. J'insiste sur ce point : Antonelli est un de ces ministres rares que l'histoire montre du doigt, qui aiment mieux le roi que la royauté, leur maître que le ministère, et son pouvoir que leur pouvoir ; mon Dieu ! Monsieur le Duc, permettez-moi ce compliment qui me mettra tout à l'heure à l'aise quand j'aurai à vous dire des vérités moins gracieuses : — il me semble qu'Antonelli a, sur ce point, des rapports avec Persigny.

Donc, n'ayant point les regrets et les tristesses de Pie IX, traitant le souffle de liberté qui courait encore dans les rues de Rome comme une mal' aria dont il fallait préserver les hommes, les femmes et les enfants, le cardinal fut bientôt préparé à cette défense qu'il devait mener avec l'audace et la *furia* d'une attaque.

Cœur fier, esprit dédaigneux, il a la hauteur du comte Rossi, sans en avoir la raideur. Souple, *fin au delà de toute idée,* comme disait son immense adversaire, le comte de Cavour, pliant à propos devant les faits et les individus pour pouvoir se redresser mieux; prenant facilement des détours pour arriver au but; patient comme ne le sont pas les hommes d'État du dix-neuvième siècle; ne se livrant jamais, quel que soit le prétendu abandon de sa politique du moment; parfois, enveloppant volontairement dans des phrases longues et obscures une idée précise et claire; faisant sans cesse des réserves et posant presque toujours des jalons pour l'avenir; sachant merveilleusement discerner tout d'un coup la portée d'un fait inattendu et en dégager aussitôt une ligne de conduite; confus peut-être dans les moyens, mais à coup sûr net dans le but, Antonelli, aussi habile que Cavour et Palmerston, Antonelli, ce grand ennemi de l'Italie, dit-on, est peut-être le type le plus complet et certainement le plus éclatant de l'Italien. — Cavour avait du sang gaulois et saxon dans les veines de son génie. — Bref, le cardinal est un *Italien* qui, sous les formes charmantes et superbes du patricien romain et sous la figure impassible d'un ministre-dictateur, veut sauver et sauvera la papauté temporelle.

Peu d'hommes ont excité, parmi leurs adversaires, une haine aussi vivace, parce que peu d'hommes ont avivé, avec plus d'insouciance, le foyer des rancunes. Les partis pris, les finesses, les réticences habiles de sa doctrine, de sa diplomatie et de sa politique me plaisent par leur côté humain. Le Saint-Père échappe, dirait-on, à toute étude par son sourire de mélancolie et d'abnégation qui n'appartient plus à notre terre. Le cardinal, lui, défend en homme une cause qu'il regarde comme divine. Jamais prince de l'Église ne fut plus des nôtres et ne donna autant prise à l'attaque ou à la défense passionnées. Mais ce que nul ne peut lui refuser, c'est la puissance de son sang-froid politique, sang-froid rare par le temps qu'il fait; c'est sa préoccupation de l'avenir plus grande que celle du présent ; c'est l'essence pour ainsi dire monolythe de son système. Il a fait de sa politique un rocher qui, peu à peu, est devenu une montagne, montagne qu'on aperçoit dans tout l'univers, de quelque côté qu'on regarde, contre laquelle soufflent aujourd'hui tous les vents révolutionnaires, dont l'ombre abrite beaucoup de souvenirs aimés, de principes vénérés, d'idées sacrées, d'espoirs entêtés, mais — oh ! je ne dirai pas le contraire, — n'est pas propice aux nouvelles libertés, qui y meurent de froid.

Or, je crois que les libertés ne meurent que pour mieux renaître, si tant est qu'elles puissent mourir et ne soient pas comme les reines de France, qui, selon le dicton populaire, ne pouvaient jamais se noyer. Donc, pour les raisons que ma lettre a énumérées plus haut avec tant d'insistance, je n'en veux pas trop à la logique du cardinal, de n'avoir pas mieux abrité ces libertés romaines dont le sort me touche, mais ne m'empêchera pas de dire qu'Antonelli est un grand ministre dont le profil vigoureux se dégagera du fond de l'histoire contemporaine, à côté de la figure douce et nimbée de son maître Pie IX.

Vous savez déjà, Monsieur le Duc, que ce n'est point là l'opinion d'un de ces *congrégationistes* dont vous avez fait le portrait, c'est simplement l'avis d'un conservateur libéral qui a vu et qui dit tout haut ce que bien des libéraux sensés se contentent de dire tout bas.

Allons plus loin, Monsieur, plus loin encore jusqu'à l'extrémité de la question.

La personnalité du cardinal se fit surtout remarquer dans les premiers rapports que la cour de Rome eut avec ce qui restait du grand rêve de l'Italie de 1847 : — le Piémont constitutionnel. A l'appel éloquent des penseurs de l'Italie du nord, Pie IX, je l'ai dit, avait répondu hardiment. Mais bientôt, après l'entrée d'Antonelli aux affaires, et même avant le premier ministère de Cavour, des malentendus surgirent où le cabinet piémontais apporta tout d'abord le mauvais vouloir qui rend difficile toute entente, et le cardinal Antonelli une raideur préméditée qui la rend impossible. Les funestes questions du mariage civil et de l'*incameramento* des biens ecclésiastiques refroidirent pour longtemps les relations des deux cours ; présentées avec maladresse et inopportunité par Turin, ces questions, qui n'ont rien d'anti-religieux, puisqu'elles sont depuis longtemps résolues dans le sens du cabinet piémontais par le Concordat français, furent reçues par le cardinal avec une sorte d'ironie qu'on ne s'expliquait pas alors.

C'est qu'Antonelli, déjà très au fait de ce qui se passait chez les peuples voisins, avait vu, avec peine, la royauté sarde s'établir sur les bases nouvelles et avec le concours d'hommes et d'idées dont il pressentait la portée dangereuse; comptant sur l'élément conservateur, très-puissant alors dans le Piémont et représenté par le parti nombreux de la droite, il agit, dans les relations internationales, en homme qui croit que les mandataires du jour ne seront pas ceux du lendemain. Sa politique consista donc à *traîner en longueur*, afin de donner au nouvel esprit conservateur le temps d'arriver au pouvoir. Ici le cardinal se trompait. M. Massimo d'Azeglio devait être remplacé, non par le comte de la Margharita, pas même par M. de Revel, mais bien par Cavour.

Turin et Rome se trouvèrent donc représentées par deux hommes considérables qui, de bonne heure, s'étaient compris et par conséquent, détestés. C'en était fait; en moins d'un an, alors que les esprits éloignés sagement des partis extrêmes espéraient encore un accord avec le Saint-Siége, la cause du Piémont vis-à-vis de la papauté était pour bien longtemps compromise. Le cardinal refusait

avec fermeté toute concession et attendait l'inaugu-
ration d'une politique nouvelle, sous l'auspice
d'hommes qui eux-mêmes se sentaient dépassés et
éprouvaient plus d'effroi que d'envie d'arriver au
pouvoir.

Cavour sentant qu'il avait dans Antonelli un adversaire personnel, engageait de plus en plus son
pays dans cette lutte si douloureuse pour tant de
souvenirs et d'espérances. Il voulait mener la nation sarde si loin dans l'aigreur contre le Saint-
Siégè que son honreur fût, pour ainsi dire, engagé
à ne pas revenir en arrière. Quant à Pie IX, il avait
été obligé de voir, avec un véritable chagrin, que
si les procédés de M. de Cavour pouvaient peut-être
rencontrer une résistance moins hautaine, ils ne
donnaient passage assurément à aucune concession
que la cour de Rome pût faire avec dignité.

Bientôt le Piémont, malgré la foi jurée et en violation des traités, s'élançait sur le patrimoine du
Saint-Siége. Un fait énorme se dégagea de ce *pro-
cédé* politique, ce fut l'aveu fait par les hommes
d'État piémontais qu'en effet les traités avaient été
violés, mais que cette violation avait eu lieu en
vertu du *nouveau droit.* Ne pouvant, pour expliquer leur politique, trouver parmi les vieux mots
un seul qui pût l'absoudre, ils en inventèrent un.

Les malentendus ont cessé; les sous-entendus n'ont plus raison d'être; tout s'explique, car le mot qu'il fallait dire a été prononcé par Cavour : — *le nouveau droit.*

Ce nouveau droit, inventé tout d'abord pour l'occasion comme un expédient par un gouvernement qui aujourd'hui regrette son invention, a été saisi au passage par ces millions de bras qui sortent des bas fonds de la société; — il fera son chemin.

Quoi qu'il en fût, il se choisit lui-même, dès en naissant, un adversaire, — le pape. Son premier acte fut contre la papauté, tellement qu'on peut définir ainsi ce droit mystérieux : — le droit qui est contre le Saint-Siége.

Et de cela il arriva ceci :

Le vieux droit qu'autrefois nous appelions simplement le droit, sentit qu'il serait tôt ou tard atteint dans toute l'Europe par ce nouveau droit; il comprit que le pape était déjà attaqué parce qu'il représentait, mieux qu'aucun, le droit; alors il sonna le tocsin. Et bientôt tous les esprits sainement libéraux, conservateurs, catholiques, protestants, hommes de la veille, du jour, même du lendemain, se serrèrent les uns contre les autres, oubliant leurs querelles, derrière le pouvoir temporel attaqué dans Pie IX. Ils agirent ainsi, non pas tant parce qu'ils avaient choisi le roi de Rome comme symbole, que parce que l'ennemi commun, le *nouveau droit*, avait suffisamment indiqué par son attaque où devait être la défense.

Le rôle de la papauté devenait aussi immense qu'en 1847 et 1848. Pour la seconde fois, une partie de l'univers mettait le pape à sa tête. Il a beau s'ensevelir dans la retraite ou dans le désintéressement de toute personnalité, deux fois l'espérance ou l'effroi des esprits sont venus le chercher et lui dire : « Nous te saluons, ô maître! »

Ce fut alors qu'on put reconnaître parfaitement les résultats de la politique du cardinal Antonelli... L'ennemi trouva à Rome quelqu'un qui l'attendait, et je ne sais vraiment ce qui est plus opiniâtre et plus formidable de l'attaque ou de la défense.

La plupart des Romains comprennent, soyez-en certain, Monsieur, qu'ordinairement les citoyens d'une ville assiégée ne jouissent pas de beaucoup de libertés; ils se plaignent plus du siége que du gouvernement, car ce sont les assiégeants qui sont la principale cause de la situation que vous avez décrite avec un crayon si noir. Il s'agit, qui ne le sait?

de se défendre contre l'ennemi du dehors et du dedans. Conseiller au cardinal de jeter les armes en
pleine lutte et d'adoucir les sévérités et les dé-
fiances de son gouvernement, c'est ressembler à ces
députés rêveurs du Parlement de Turin qui, il n'y a
pas longtemps, avaient voulu l'abolition de la peine
de mort, mais à qui le Sénat, plus sensé, a répondu
à peu près ceci : « Nous voulons bien qu'il n'y ait
plus de sang répandu, mais que messieurs les as-
sassins commencent les premiers! » Oui, rouvrir
l'ère de Rossi, celle des réformes et des libertés, ce
serait ouvrir à deux battants les grandes portes de
la ville éternelle à la révolution européenne, et la
politique de la seconde ère papale, la politique *dic-
tatoriale*, est logique et nécessaire. Je ne la regrette
pas; ce que je regrette, c'est qu'elle soit logique et
nécessaire.

Je ne partage donc pas, Monsieur le Duc, beaucoup des opinions que vous exprimez dans votre
lettre au président du Sénat, et je crois qu'une no-
table partie de cette lettre est en contradiction flagrante avec ses deux conclusions : — la réconciliation de l'Italie avec la papauté et le pouvoir temporel maintenu à Rome.

En effet, il me semble que celui qui songe à ré-

concilier deux adversaires va droit contre son but
en disant que la plupart des torts sont du côté d'un
des adversaires et en diminuant singulièrement la
valeur pratique de la principale personnalité inté-
ressée dans la question. Enfin, il me semble que
l'homme d'État qui sagement reconnaît la raison
d'être et la nécessité sociale comme politique du
pouvoir temporel de la papauté, devient moins sage
quand il attaque ce même pouvoir temporel sous
une forme gouvernementale dont la responsabilité
retombe sur les adversaires de la papauté plutôt
que sur elle-même.

Que si vos critiques s'étaient adressées à un gouvernement, produit naturel des instincts, des souvenirs, des aspirations et des principes de la royauté
pontificale, nous n'aurions rien eu à dire. Mais à
l'heure où tous les esprits fatigués ou modérés par
tant de luttes regrettables et acharnées désirent,
comme vous, une réconciliation, il n'est pas bon, il
n'est pas juste de mettre en évidence les défauts de
la politique momentanément nécessaire d'un des
adversaires. Que dire si ces défauts ainsi dévoilés
sont singulièrement exagérés?

Il me paraît que votre lettre eût été plus logique
si elle avait, avec de semblables prémisses, conclu
différemment et dit : — Toute réconciliation de

l'Italie avec la papauté est impossible; l'Italie doit avoir Rome pour capitale; le pouvoir temporel de la papauté n'est plus de notre temps! — Mais, et je vous en remercie fort, Monsieur le Duc, vous n'avez pas été logique, et je me trouve en face d'une conclusion vraie, sociale, politique, catholique, pratique, italienne, libérale, — j'ai oublié de dire française, car votre conclusion est essentiellement digne de la véritable politique de la France, ainsi que j'essaierai de le prouver plus tard.

Il est résulté de ces inconséquences que votre lettre a ému les deux partis en présence, parce que chacun y a trouvé des armes. Telle n'était pas assurément votre intention; vous vouliez apporter en Italie ce qui unit et non ce qui désunit. En tous cas il y a, je le répète, une grande pensée, exprimée par un homme qui en dehors de sa position peut parler avec l'autorité que donne une intelligence très-élevée et une expérience déjà consommée. Cela suffit pour qu'un écrivain comme moi mette sous votre adresse les idées qui peuvent rendre pratique cette grande pensée.

J'ai déjà prouvé suffisamment la raison d'être du gouvernement pontifical de 1865. En faisant deux portraits d'hommes, j'ai, dans une partie de ma lettre, exposé les deux principes qui sont en présence dans la royauté romaine. J'ai dit que si j'aimais mieux l'un, je comprenais mieux l'autre, et tout portrait fait étant, selon moi, un principe défini, j'ai indiqué assez que le régime libéral importé dans la Rome de 1865 par quelque changement de volonté du Saint-Père serait une inconséquence et un péril aussi certains que la logique et la sécurité du régime dictatorial. Je n'aime pas ce mot : *dictatorial*, qui, d'ailleurs, ne rend pas bien toute ma pensée, mais je le préfère à l'épithète *anti-libérale*, qui serait injuste. La dictature romaine est donc nécessaire et logique ; j'ajoute qu'elle sera utile dans la négociation de même que la dictature florentine y devient urgente.

En effet, vous ne trouverez pas dans l'histoire, Monsieur le Duc, un seul exemple de deux assemblées de deux pays ennemis, étouffant pour toujours les vieilles querelles ; plus fortes que les rancunes injustes et les espoirs insensés ; procédant lentement et sûrement à l'œuvre de réconciliation et de réparation... Mais j'exposerai dans ma seconde lettre les raisons pleines de noms d'hommes, — vous savez que c'est là ma manière, — de la dictature florentine.

Il me suffira de dire aujourd'hui que je ne veux

pas tant parler d'une dictature qui s'impose au pays, que d'une dictature qui est presque imposée à un roi par un pays fatigué d'un conflit pénible et d'une situation sans issue. Deux fois la dictature a été donnée à Victor-Emmanuel; elle le fut, la seconde fois, sur l'instigation de Cavour. Or, jamais elle n'aura été plus utile parce que l'ennemi qui tôt ou tard attaquera la royauté de la maison de Savoie sera plus dangereux que l'Autrichien. Il ne se contentera pas, comme l'empereur d'Autriche en 1848, de l'abdication d'un roi : il voudra l'abdication de toute une dynastie. Je parle, vous le comprenez bien, Monsieur le Duc, de la révolution sociale qui a travaillé longtemps en Italie sous le pseudonyme de révolution nationale, mais qui se sent déjà assez forte pour jeter le masque... Je ne veux pas aujourd'hui aller plus loin, et je veux terminer en vous exposant quel est, à mon avis, un des obstacles les plus puissants que rencontre déjà l'idée de réconciliation.

Cet obstacle est le mot d'ordre laissé par le comte de Cavour aux hommes les plus éminents du pays, ministres, députés ou écrivains qui, anciens adversaires ou anciens amis de l'illustre homme d'État, se regardent aujourd'hui comme ses disciples.

Ils ont demandé avec anxiété son secret à cette fortune étonnante qui n'a pas laissé d'héritier, et, ne l'ayant pas trouvé, ils ont du moins cherché dans l'œuvre de Cavour quelque principe ou quelque règle de conduite, et ils n'ont rencontré que ce programme résumé par un seul mot : — Rome. Cela fait qu'ils sont et seront longtemps opposés à toute idée qui pourrait déchirer ce qu'ils appellent le testament politique de Cavour, et cela explique le cri d'effroi qu'ils ont poussé à Florence en apprenant la mission de M. Vegezzi, pourtant mission purement religieuse. Je suis loin de trouver étrange ce respect et cette confiance, mais je prétends que le comte de Cavour n'a pu laisser aucune règle de conduite, par la raison suffisante qu'il n'en avait pas. Sa conduite du lendemain fut toujours inspirée non par sa conduite de la veille, non par un plan nettement et *absolument* tracé, mais par l'événement du jour. Cavour a toujours agi en interprétant les faits. Il est donc permis de croire qu'aujourd'hui il serait le premier à changer la fameuse consigne que Garibaldi avait traduite ainsi : — Rome ou la mort !

J'oserai ajouter que, par suite d'un hasard véritablement heureux pour qui aime la papauté et l'Italie, vous avez répété, Monsieur, dans les deux

phrases que je citais au commencement de ma lettre, ce qu'avait dit en certaine circonstance, et depuis le traité de Villafranca, le comte de Cavour.
Cela vous étonne, sans aucun doute! Je vais prouver la vérité de mon dire, et je défie qulconque de
m'apporter un démenti. J'ai besoin pour cette
preuve de mettre en avant, à mon grand regret,
pour un instant et certes pour n'y plus revenir, ma
toute petite personnalité, personnalité politique
dont, s'il le faut, je ferai fi tout le premier, n'ayant
en souci et en très-grand souci que ma qualité d'é-
crivain; mais personnalité qui en vaut une autre
quand il s'agit de l'affirmation d'un fait.

C'était quelques jours après la rentrée de M. de
Cavour aux affaires, et bien entendu après le traité
de Villafranca.

M. de Cavour, dont j'avais souvent attaqué non
la personne, mais la politique, dans certain livre ou
dans certains journaux piémontais et français, était
un de ces hommes qui se sentent trop élevés pour
s'abaisser aux rancunes. J'avais eu avec lui des relations personnelles où il apportait une bienveil-
lance sans doute excessive, et moi, une admiration
assurément fort naturelle. Je ne fus donc pas étonné
quand il me dit :

— Voulez-vous faire un journal franco-italien?

« — Oui, Monsieur le comte, s'il n'est pas dirigé contre la papauté.

« — Cela va sans dire. Voulez-vous?

— Oui, si son programme est le programme conservateur dans les idées sociales et religieuses, libéral dans les idées politiques ; enfin, catholique et fédéraliste de votre ancien journal, *il Risorgimento.*

Le comte se mit à rire de ce bon rire qu'il avait, et il me dit :

« — C'est cela même, avec cette modification que le journal sera « *il Risorgimento* de 1859. » — Et il appuya sur la date.

— Vous me permettrez de consulter auparavant...

« — Le marquis Costa de Beauregard?

— Oui, Monsieur le comte, et M. Ménabrea (1) et... etc.

— Faites! dans quatre à cinq jours, vous me donnerez une réponse. Dites au marquis que le programme sera : l'Italie à l'Italie, et Rome à la catholicité, c'est-à-dire à la papauté; l'Italie, moins les provinces du Saint-Père, unie sous le roi Victor-Emmanuel ; enfin, dites à mon ancien et excellent

____

(1) M. Ménabrea, devenu un des principaux membres du cabinet Minghetti, et qui était alors un des chefs de la droite piémontaise.

camarade, qui a été si longtemps mon adversaire le plus entêté, que le programme serait l'idée de Balbo réduite à deux termes : La fédération entre le pape et le roi...

Et voilà pourquoi, Monsieur, en parlant de votre unité, je me servais, pour la définir, de cette expression : « Fédération à deux termes, » qui était peu française; mais presque cavourienne.

Il est bien entendu que le journal ne se fit pas, et il est parfaitement inutile de dire pourquoi; mais il était nécessaire de constater cette opinion, fût-elle momentanée, du comte de Cavour, qui peut être établie, si besoin s'en fait, par des témoignages suffisants.

Les événements qui ont suivi cette conversation ont prouvé surabondamment que le comte ne tenait guère à ce programme du nouveau *Risorgimento*. Cependant je ne peux résister au besoin de dire qu'à peu près vers cette époque le célèbre ministre sembla vouloir prendre pour intermédiaire d'une réconciliation avec la papauté le marquis Costa de Beauregard, comme tôt ou tard le gouvernement de Florence prendra, si déjà il ne l'a fait, pour intermédiaire de cette réconciliation, le comte de Revel, cet ami politique du marquis savoisien. Mais l'ancien écuyer de Charles-Albert, le camarade de jeunesse du comte de Cavour, répondit par une lettre datée de Chambéry, que j'ai entre les mains : « — Je suis l'homme du passé, Cavour est l'homme de l'avenir; je n'envie rien de sa gloire; qu'on me laisse... »

— Soit, dit le comte de Cavour.

Certes, Monsieur, l'entente de ces deux hommes était alors aussi difficile que la réconciliation de la papauté avec Turin. Cependant il est permis de regretter la résolution du marquis Costa.

C'est que M. Costa de Beauregard, ce dernier défenseur de la papauté temporelle dans un discours dont se souvient encore le palais Carignan, un des anciens chefs de la droite conservatrice et libérale, un homme éminent dont je garde, pour ma part, précieusement le souvenir, était un de ces penseurs élevés que la désillusion des temps rendit tout à coup inactifs. Désormais ils voulurent regarder, impassibles, l'homme contemporain s'agiter sous le sourire et la patience de Dieu. — Qu'ils sont nombreux, ces hommes! A d'autres les colères, les fièvres de la lutte prolongée, l'entêtement dans l'espoir; à ceux-là la douceur, le calme, la désespérance et le *laisser-faire.* Ils ont comme la fatigue d'avoir trop aimé et d'avoir trop cru, et de tristesses en tristesses, de désillusions en désillusions, ils arrivent à ce scepticisme que donnent également la croyance profonde de Pascal et le doute insondable de Diderot. Triste, triste, Monsieur le Duc! les meilleurs se tiennent à l'écart, solides dans leur haine et fidèles dans leur mépris; cela fait quel de temps en temps, un flot d'hommes mauvais monte à la gorge d'un pays.

Et je le dis comme vous : le traité de Villafranca a manqué de l'appui qu'il devait espérer chez les intelligences saines et modérées. Elles se sont repliées sur elles-mêmes comme des sensitives sous le souffle violent des événements. Donc, les mauvais sont venus et ont brisé ce traité qui avait une grande pensée d'apaisement. Ces mauvais sont les gens de la camarilla du Vatican, dites-vous; moi, je crois qu'ils sont de la camarilla de Cavour. C'est là que nous ne nous entendons plus; aussi je passe outre avec empressement.

Et si ces faits que j'ai racontés plus haut ne vous semblent pas assez sérieux pour établir que Cavour n'avait pas autant qu'on l'a dit sa fameuse idée fixe; ils sont du moins suffisants pour me donner à moi une conviction inébranlable, quand je dis : — En face de la situation présente, Cavour reviendrait aux idées qui furent les siennes jusqu'à son entrée au ministère, et qu'il défendit dans son journal *Il Ri-*

sorgimento. Aujourd'hui, il engagerait le gouvernement à *retrocedere un poco* et non à courir devant la
tempête comme un navire désemparé.

En effet, quelque grand que soit Cavour, et ce ne
sera pas moi qui contesterai son génie, il n'a pas
atteint le but; il a laissé agrandi son pays dans une
impasse d'où pourrait sortir avec habileté une petite nation comme celle de 1857, mais où peut périr
un grand et long peuple comme celui de 1865.
Même au point de vue de la nouvelle théorie du fait
et du profit, on peut constater que le comte n'a pas
entièrement réussi, et que si, en mourant, il eût pu
s'écrier : « — Je jure que j'ai sauvé la patrie, » le
peuple italien aurait maintenant quelque peine à
dire : « Nous jurons qu'il a dit la vérité. »

Oui, je suis de ceux qui croient obstinément qu'en
donnant sa démission après Villafranca, en se réser-
vant les lendemains révolutionnaires que l'on sait,
et en n'acceptant pas des mains de son hôte auguste
de Compiègne l'idée de fédération ou du moins le
conseil d'être patient, Cavour a agrandi le présent
aux dépens de l'avenir.

Mais je m'arrête; ce qui est fait est fait; je ne
veux pas faire de la polémique rétrospective. —
Continuons.

Cavour ne fut point de l'avis de l'Empereur. Il

aimait mieux dans la balance l'épée que les conseils. Le comte voulut avoir tout et aussitôt. Il crut à un instrument plus fort que le temps, que la France, que la liberté, que le droit : — la révolution.

Le traité de Villafranca ouvrait une politique patiente et modérée. Cette politique devait se placer entre les désirs effrénés et les regrets ou rancunes injustes ; elle devait y trouver non la base éphémère, mais comme la base éternelle ; en ce temps énorme où la multitude des faits contradictoires met l'obscurité partout, elle devait rester dans la région claire des principes.

Et voilà pourquoi Cavour avait donné sa démission. Il avait préféré les vérités relatives ; il avait choisi la base d'*occasion* ; il voulait se servir de l'obscurité. Contradiction étrange que la sienne, puisque l'homme qui se servit au Congrès de la puissance de l'idée contre le fait, parla tout à coup au nom de la puissance du fait contre les principes ! Antithèse surprenante que ce ministre demandant au nom des principes et des désintéressements l'appui de notre peuple militaire pour établir bientôt la fameuse politique du fait et du profit !

Cela dit, et cela était nécessaire à dire, je prétends cependant que Cavour modifierait aujourd'hui sa politique. Esprit essentiellement perfectible en même temps qu'instinctif, il sentirait enfin que le sang-froid seul achève la victoire que la passion a commencée. Placé sur une scène exhaussée, à la fin du drame colossal dont le monde fut le spectateur ému, il serait revenu au respect pour cette conscience du genre humain qu'il avait froissée; il aurait regretté les nécessités qu'il s'était créées et qui changèrent pendant quelque temps sa politique habile en une politique presque frauduleuse.

Je le crois ainsi, Monsieur le Duc; car je suis certain que Cavour n'a pas eu le temps de dire tout son secret à l'Italie. Sa politique est plus ou moins connue, sa doctrine ne l'est pas; en tous cas, elle reste inachevée.

Comme ces hommes qui sont attirés par le vertige parce qu'ils ont regardé trop longtemps le fond des abîmes, Cavour, après avoir sondé d'un regard impassible le précipice que la révolution ouvrait sous les pas de la société et après nous avoir dit : « Il n'est pas si profond qu'on le croit; on peut y descendre et en remonter, » Cavour se sentit tout à coup entraîné; le terrain glissa sous son pied; il en eut la sueur froide, car il voyait où il allait fatalement. Mais son orgueil ne voulut pas avouer cette situation, et alors qu'il glissait déjà avec l'avalanche, il prétendait encore qu'il marchait bénévolement.

Enfin il fut forcé d'assister sans émotion apparente à l'éclosion de phénomènes immoraux, anti-religieux, anti-sociaux; de faire un semblant d'alliance avec des idées qu'il réprouvait et de subir la logique implacable de son système. Son habileté d'expédients qui lui avait donné trop de confiance, ne lui suffisait plus; devant cet assemblage bizarre d'héroïsme et de cynisme qui fut le produit de cette époque, il ne put s'armer que d'une logique captieuse, car la logique vraie n'était plus dans ses armes.

Son intelligence pénétrante dut souffrir secrètement en voyant la révolution grandir plus encore que lui et déchirer dans ses mains forcément complices les pages de cette constitution éternelle et universelle qui constitue la famille des nations, garantit les intérêts des peuples et sauvegarde à la fois les libertés publiques et les libertés privées.

Oui, certes, Monsieur, il a dû souffrir de ne pouvoir s'élever à la hauteur des considérations morales, et lui, l'homme des passions, il a dû se révolter intérieurement contre sa politique qui le faisait seulement l'homme des intérêts. Mais il avait mérité cette situation à partir du jour où il avait établi un antagonisme fertile en mauvais exemples et en dangereux résultats entre la religion et l'État, l'ordre et la liberté. — Et voilà que, lui mort, son roi qu'il a fait empereur, l'assemblée et les ministres qu'il a gouvernés, le peuple qu'il a aimé et qui l'aime encore, enfin *son* assemblée, *ses* disciples, *son* peuple sont hésitants et comme effrayés devant l'avenir ; cherchant fiévreusement dans son testament politique, ils ne trouvent que ce mot d'ordre insensé qui est en même temps celui de Garibaldi : — Rome. — Ah ! je veux bien te laisser ce mot d'ordre à toi, *poor Yorick*, mais je voudrais pouvoir l'enlever des lèvres de Cavour !

Pauvre grand homme ! quand je me rappelle ses causeries si étincelantes d'humour, si franches, si honnêtes et si bienveillantes ! Quand, en fermant les paupières devant cette statue qu'on lui élève, je revois avec les yeux du souvenir l'homme que j'ai vu de bien près à Aix-les-Bains, à Genève, à Turin, etc., je dis, la main sur la conscience : « Il y a deux Cavour ; — le bon manque à la situation actuelle. » Sans aucun doute, Cavour, l'ancien ami de Balbo, l'illustre fédéraliste catholique, conservateur libéral, est devenu le grand unitaire qu'on sait, et ce fut là sa faute et son malheur ; mais le géant était par

principe et par éducation, essentiellement anti-révo-
lutionnaire. La révolution ne fut pour lui qu'un
pays obscur et dangereux qu'il voulait traverser
pour arriver à la terre promise. Il en connaissait
seul les sentiers; lui mort, son pays y reste égaré.

Je crois que Cavour n'a pas eu le temps de s'iso-
ler pour se recueillir. Son incessante et dévorante
activité le rongeait. Il sentait comme le vague pressentiment qu'il mourrait avant la réalisation de son
rêve, et il a voulu activer artificiellement la naissance des événements sous la pression des atmos-
phères triplées.

Lorsqu'après avoir manqué de tout, il se trouva à
la tête de grandes ressources, avec l'immense liberté d'en user... il entendit marcher sa mort;
alors il se hâta fiévreusement.

Peut-être... — je ne sais pas pourquoi je dis peut-
être, car j'ai eu des preuves certaines de l'effroi que
causaient à Cavour les attaques réitérées du sang
vers son cerveau; — peut-être cette dernière période de la politique cavourienne, que l'histoire
pourra expliquer et non absoudre, n'est-elle qu'une
lutte de vitesse avec la mort. C'était, malgré l'avis
des médecins, saignées sur saignées, non pour gué-
rir son mal, mais pour reculer la catastrophe tout
en la rendant inévitable.

Ce qu'il lui fallait, ce n'était pas vingt ans de vie, mais deux ans, un an, qui sait? six mois! Alors il entraîna son pays dans cette vie effrayante où le cerveau d'un peuple éclate comme celui d'un homme. Cavour a voulu enserrer le triomphe de l'indépendance italienne dans sa propre existence. Ambition démesurée, égoïsme effrayant ou peut-être orgueil explicable de la part d'un homme qui a dominé de la tête tous les hommes et toutes les choses d'Italie; en tous cas, sentiment exagéré de la personnalité qui aura sa condamnation ou son pardon dans ce temps d'indispensable et d'invincible publicité! — Et il n'a pas réussi; la Venise prisonnière est toujours là, pleurant le passé sur une mer déserte; — la mort est arrivée au but avant lui.

Non pas que je veuille excuser ses fautes! non; mon but est autre : j'explique, je n'approuve pas; je condamne, mais je constate en même temps cette vérité dont j'ai besoin, à savoir que Cavour n'a pas eu de doctrine absolue. J'ai le droit de croire que sa mort est venue trop vite, et que sa vie eût pu apporter d'autres étonnements au monde; mais je sais, je suis fier de savoir, que la mort est un accident prévu par l'homme qui demeure toujours dans les principes éternels, elle peut parfois détruire ses plans, — elle ne peut jamais les condamner,

Donc, je peux croire et dire que cet homme immense éprouve peut-être là-haut une grande douleur de ne pas pouvoir retirer le mot d'ordre qu'il a laissé en partant, et qui, selon moi, est le plus grand obstacle à la réconciliation, parce que le souvenir de Cavour est devenu presque une religion chez beaucoup d'esprits élevés de l'Italie contemporaine. — Malheureusement, si la mort n'enlève pas les grandes et nobles passions, si on peut espérer que Bossuet s'inquiète de l'Église de France, Napoléon de sa gloire, Cavour de l'indépendance italienne, il n'en est pas moins vrai que la mort est certainement un silence.

Cavour ne répondra pas à cette nation qui l'interroge. — Certes, il me semble que le droit méconnu sera vengé si le célèbre ministre, — cherchant vainement sur les bancs de l'assemblée quelque héritier de sa taille; voyant son Italie resserrée bientôt entre la coalition des esprits conservateurs et la conspiration des révolutionnaires; écoutant les plaintes de Turin, son Turin qui, le premier, a été ensanglanté par l'œuvre d'unité, et qui fait déjà de mauvais rêves; — si Cavour, dis-je, regrette la fatale consigne laissée au départ. — Oui, monsieur le Duc, vengeance suffisante du Droit! si cette grande ombre désolée veut et ne peut pas se pencher a l'oreille du roi pour lui dire :

— Sire, la dictature !
— Sire, l'Italie sans Rome !
— Sire, la réconciliation avec la papauté !

FÉLIX PLATEL.